AF562628

(attribué à l'abbé J. F. de la Tour du Pin de la Charce ; et au P. Hyacinthe de Montargon ; voy. Barbier)

ÉLOGE
HISTORIQUE.

ÉLOGE
HISTORIQUE
DU RÉVÉREND PERE
LAURENT,
Augustin, de la Place des Victoires.

A PARIS,

Chez PIERRE PRAULT, Quai de Gêvres; au Paradis.

M. DCC. LVIII.

Avec Approbation & Permission.

AVIS AU LECTEUR.

CE n'eſt point un éloge préparé que je préſente ſous vos yeux, c'eſt un *impromptu* que l'amitié a conſacré preſque en un inſtant, * à la mémoire d'un homme qui méritoit d'avoir de vrais amis. On s'attachoit aiſément au Pere Laurent; il n'étoit pas facile de s'en ſeparer. Le premier moment décidoit en ſa faveur; & tous ceux qu'on avoit l'avantage de paſſer avec lui, loin d'affoiblir, ne ſervoient qu'à reſſerrer de plus en plus les liens qu'on avoit formés.

Comme l'amitié aveugle mutuellement ceux qu'elle unit, qu'on ſe défie pour l'ordinaire des louanges qu'elle diſtribue, je craignois

* L'Auteur avoit remis cet éloge au Pere Joachim le 2. Septembre 1758.

de rendre public cet éloge qu'elle a dicté : éloge d'autant plus ſéduiſant, que la nobleſſe des ſentimens de l'Auteur, ne permet pas de le ſoupçonner d'avoir fait briller l'Art aux dépens de la Vérité.

J'ai combattu long-tems avant de me déterminer : je conſultois la modeſtie, & elle ſembloit arrêter les tranſports de ma reconnoiſſance ; mon cœur peut-être trop foible, ſe ſentoit flatté des éloges que l'on prodiguoit à un ami qui lui étoit cher ; je ne gardois qu'avec peine, ce que je craignois devoir être glorieux à ſes cendres. Preſque ſûr cependant d'un accueil favorable, j'ai triomphé de mes craintes : je me ſuis perſuadé que je ferois plaiſir au public, en me ſatisfaiſant moi-même.

ELOGE HISTORIQUE DU RÉVÉREND PERE LAURENT,

Augustin, de la Place des Victoires.

SI l'on gravoit ſur le Tombeau du pere Laurent toutes les inſcriptions qu'il mérite, ſon nom vivroit long-tems après ſa mort.

Dans lui, les Peres Auguſtins de la Place des Victoires ont fait une perte que partagent avec eux toutes les perſonnes qui chériſſent les talens, la probité, la vertu, la Religion. C'eſt à plus d'un titre que le Pere Laurent est digne de leurs regrets & des regrets publics.

Il étoit né à Cyr-lez-Mellots, Diocèse de Beauvais, le 8 Février 1702. Avant que d'entrer en Religion, il s'appelloit JEAN MARTIN. Ses études au Collége de Louis le Grand, furent marquées par ses premiers succès. Il a quelque fois parlé d'un Poëme Latin qu'il avoit composé sur l'avénement de Louis XV. à la Couronne ; il en a récité quelques vers, bien frapés ; il est même convenu que cet Ouvrage prématuré avoit été reçû avec applaudissement par les Peres Jesuites. Des Juges aussi connoisseurs ne drodiguent pas les louanges : & d'après leur jugement, on regrette de n'avoir point trouvé dans les papiers du Pere Laurent le moindre fragment d'une piéce de Poësie, digne peut-être de fixer les regards de la postérité . . . . Pénétré de respect & de reconnoissance pour ses Maîtres, le Pere Laurent n'a jamais varié à leur égard : il a conservé pour eux une amitié tendre & constante. Le 31 Juillet dernier, Fête de Saint Ignace, il leur renouvelloit ses anciens ſentimens. Hélas ! Il ne penſoit pas qu'il leur faiſoit ſes derniers adieux.

Dans ces momens où les hommes réfléchiſſent ſur l'état auquel ils ſe deſtinent, la Compagnie de Jeſus avoit paru au jeune Jean Martin une Ecole propre à cultiver ſes talens, à les perfectionner : mais la Providence avoit ſur lui d'autres deſſeins. Il crut les découvrir, & ſe hâta de les exécuter. La fidélité avec laquelle il a rempli ſa vocation, eſt un ſûr garant qu'elle partoit d'un principe épuré.

Le 16 Août 1721, il prit l'Habit dans l'Ordre des Auguſtins Réformés de la Congrégation de France, & changea le nom de Jean en celui de Laurent ; c'eſt le ſeul ſous lequel il ſoit connu dans le monde. L'année ſuivante il fit profeſſion. Son Ordre ne tarda pas à connoître tout le prix de l'acquiſition qu'il faiſoit. Le Pere Laurent en étoit déja l'eſperance, il en a été depuis l'ornement, la gloire.

On ſe ſouvient encore avec quel éclat il parut ſucceſſivement dans les Chaires de Philoſophie & de Theologie. Ses Diſciples qui ſont aujourd'hui des Maîtres, publient avec reconnoiſſance qu'ils lui sont également redevables ; & de ces lumieres profondes qui font honneur à la Religion, & de cette délicatesse de sentimens qui fait honneur à l'humanité. Le Pere Laurent se faisoit autant un devoir de former le cœur de ses Eleves, que d'orner leur raison. Avec ses utiles leçons, il leur communiquoit sa belle ame.

Ces premiers essais n'avoient été que comme l'aurore de sa réputation. Elle devint plus brillante dès qu'il fut destiné au Ministere de la parole. Quels talens n'avoit-il pas pour y réussir ! Un jugement sain, un esprit juste, un goût sûr, une érudition vaste, une composition facile, une expression noble, une mémoire heureuse, un geste naturel, beaucoup de graces & beaucoup de modestie. Les premices de ses discours ne sont peut-être point marqués au coin du génie; mais on y trouveroit le feu de l'imagination, des traits neufs, peu de mots & mille choses. Ils renfermoient l'esprit de l'Evangile, la doctrine des Peres, la croyance de l'Eglise, la raison embellie par des tours d'esprit, par le tableau des mœurs, par une critique judicieuse, par un raisonnement solide, sans être abstrait*. Sens, Chartres, S. Louis de Versailles, premiers théatres de ses travaux Apostoliques, semblerent présager tout ce qu'on devoit se promettre de ce jeune Prédicateur, qui déja paroissoit au-dessus des Prédicateurs médiocres.

En 1731, il fut élû Prieur de la Maison de Rouen. Pour tracer l'image de son gouvernement, il faudroit peindre celui de la Sagesse, de la fermeté, de la modération. Chacun crut voir un ami dans son Supérieur. Les occupations qu'exigeoit de lui sa nouvelle dignité, ne suspendirent point ses courses évangeliques. La Ville d'Eu, Elbeuf, le Havre de Grace, Dieppe, se rapellent encore d'avoir entendu ce Prédicateur presque dès l'entrée de sa carriere, & de lui avoir donné des larmes. Succès plus flatteurs que les applaudissemens.

Rouen, où les talens ordinaires percent difficilement, parce qu'ils y sont appréciés, approfondis par des Juges éclairés, Rouen vit un Auditoire nombreux, distingué, suivre constamment

* Il les a condamné à ne jamais voir le jour.

les discours du Pere Laurent, & le placer au rang des Orateurs célébres, qui devoient illustrer notre siécle. Le pere Ingoult, Jesuite, y prêchoit alors avec un éclat dont on avoit vû peu d'exemples. Il entendit le Pere Laurent, & ne balança pas à dire que cet Orateur méritoit plus que lui de fixer les suffrages publics. Cette décision, que la modestie seule dictoit au Pere Ingoult, est également honorable aux deux Prédicateurs.

Paris ne tarda pas à la ratifier : ils y parurent tous deux, tous deux se firent une réputation rapide, brillante, soutenue. On cite encore comme deux Discours achevés, & le Sermon sur l'Amitié, du Pere Laurent, & le Sermon sur l'Humeur, du Pere Ingoult.

Nommé pour prêcher à Lyon le Carême de 1740, le Pere Laurent n'arrive pas plûtôt dans cette Ville, qu'il y faut donner une preuve décisive de son éloquence & de sa facilité. Il est averti le Dimanche Gras que M. de Rochebonne Archevêque de Lyon, vient de mourir, que le jour des Cendres il faut prononcer son Oraison funébre en présence de Messieurs les Comtes. On lui fournit quelques Mémoires assez informes ; il lit, il compose, il apprend, & prononce dans l'Eglise de Saint Jean un Discours noble, éloquent, chrétien, dans lequel il avoit sçû rassembler avec art & ce que le Panégyrique offre de plus délicat, & ce que l'on peut souhaiter de plus solide pour l'instruction. Pourquoi l'idée peu favorable qu'il avoit de ses talens, ne lui a-t-elle point permis de faire paroître cet heureux impromptu? On lui fit des instances, il refusa; du moins se flatoit-on de le trouver dans ses papiers après sa mort, mais non, il n'en a pas même laissé le plan.

Après avoir rempli à Lyon la station du Carême, & réuni tous les suffrages, le Pere Laurent revint à Paris ; il s'y étoit trop bien annoncé, pour n'y point être souhaité : aussi y fut-il généralement goûté, suivi, admiré.

Presque point de Chaire dans cette Capitale, où sa réputation n'ait attiré une foule d'Auditeurs assidus & désintéressés. On l'a vu successivement applaudi à S. Barthelemi, à S. Roch, à S. Sulpice, à S. Nicolas du Chardonnet ; par la Cour, à Notre-Dame de Versailles;

par un concours singulier de tous les Ordres du Royaume, à S. Jacques de la Boucherie, à S. Paul, à S. Eustache; enfin dans l'Eglise Cathédrale, où il a prêché le Carême de 1757.

M. de Beaumont, Archevêque de Paris, félicita le Pere Laurent sur ses succès dans les termes les plus obligeans. *Mon Pere*, lui dit-il, *j'ai bien du regret de n'avoir point été à même de profiter de vos Instructions, on m'en a fait le récit le plus avantageux; vous devriez me dédommager de la perte que j'ai faite.* M. l'Archevêque pria le Pere Laurent de prêcher devant lui: le Pere Laurent regarda cette priere comme un ordre il obéit; & le Prélat couronna par les éloges les plus flateurs, tous ceux que la voix publique avoit donné à ce Prédicateur si renommé, & si digne de l'être. Différentes Villes du Royaume ont rendu au Pere Laurent la même justice qu'on lui rendoit à Paris. Les fruits de son zéle y ont été couronnés par plus d'une conversion.

Il avoit été nommé en 1751 Prieur du Couvent de Paris, & en 1753 on l'élut Provincial. Personne qui ne fasse encore l'apologie de son Gouvernement, toujours doux, mais toujours exact. Dans toutes les circonstances, on s'est fait un plaisir de lui prouver combien on souhaitoit de vivre sous ses loix. Ce n'est point un ami particulier du Pere Laurent qui s'exprime ainsi, c'est le sentiment unanime de son Ordre dont il faisoit les délices.

Sa prudence, sa douceur, son esprit de conciliation, l'ont fait choisir en 1757, pour présider à un Chapitre qui devoit se tenir à Grenoble. C'est dans cette occasion qu'il a trouvé l'art difficile de se faire universellement aimer & respecter par tous les Religieux, quoiqu'il ne fût point de la même Province. A son passage à Lyon, M. le Cardinal de Tencin, & Messieurs les Comtes se sont empressés à le recevoir, & à lui donner mille marques d'amitié. Dès qu'il fut arrivé à Grenoble, M. l'Evêque le pria de prêcher devant Messieurs du Parlement; ils furent si touchés de son Discours, qu'ils essayerent par des offres considérables, de le déterminer à prêcher le Carême suivant dans cette Ville. D'autres engagemens ne permirent pas au Pere Laurent de se rendre à cette invitation honorable, il ne donna que l'espérance d'un retour fort éloigné, qui fit craindre qu'on ne le reverroit jamais.

Le zéle de la Religion lui avoit alors fait concevoir un deſſein, à l'exécution duquel il travailloit avec autant d'aſſiduité que d'application; c'étoit un Ouvrage immenſe, dont il avoit formé le plan, & dont on eſpere, qu'à ſon défaut, quelque main habile voudra bien ſe charger.

Voici le titre de cet Ouvrage intéreſſant, & qui nous manque. *Dictionnaire des Peres, contenant ſur les Dogmes & ſur la Morale de la Religion Catholique, des morceaux d'Eloquence, des Maximes, des Penſées tirées de leurs ſeuls Ouvrages; l'Hiſtoire de leur vie, les circonſtances différentes qui ont occaſionné leurs Ecrits, & le Catalogue raiſonné de leurs Œuvres véritables.*

Un Livre de cette nature, ſi il eſt dirigé par un homme intelligent, laborieux, qui ſçache choiſir avec diſcernement entre le mediocre & le bon, entre le bon & l'excellent, ne peut manquer d'être un Livre très-utile aux Gens de Lettres, aux Hiſtoriens, aux Prédicateurs, à tous ceux qui cherchent à s'inſtruire dans l'Hiſtoire, dans la Thélogie, dans l'Eloquence.

Le

Le Pere Laurent n'avoit pas besoin d'enrichir le Public de cette Collection sçavante, pour mettre le dernier sceau à sa réputation; mais on ose assurer que la netteté de son esprit, les graces de son langage, la maturité de son jugement, la constance de son application lui donnoient une heureuse facilté pour assurer la perfection de cet Ouvrage, qui seroit absolument mauvais, s'il n'étoit point parfait. Les Compilations sont communes, les bonnes Compilations sont rares.

Les succès du Pere Laurent dans le ministere de la Prédication, étoient des présages favorables, qui sembloient promettre l'accüeil du Public à tous les Ouvrages qui sortiroient de sa plume: plume féconde, solide, capable de donner à toutes les matieres, la même beauté qui caractérise ses Sermons.

On n'oseroit décider, s'il avoit un talent plus marqué pour les Discours de Morale, que pour les Panégyriques, les Mysteres ou les Homélies; mais on peut dire que le même Homme se retrouve par-tout. Par-tout il est clair, lumineux, vif, délicat, solide, & quelquefois sublime; il est un trait frappant de cette sublimité dans son Sermon sur l'importance du salut. Dans ses Discours sur la Religion & sur l'Incrédulité, on reconnoît un Homme instruit, solide, profond. Quelle délicatesse, quelles images dans son Sermon sur l'Amitié! Quel ordre, quelle précision, quel feu dans ses Discours sur le Jugement universel, sur le scandale, sur l'humilité, sur l'Amour de Dieu, sur la Coûtume, sur le Ciel, sur le pardon des offenses! Toujours semblable à lui-même, le Pere Laurent ne montre pas moins un talent supérieur dans les Eloges, que dans la Morale. On reclame au nom du Public, les Panégyriques de S. Louis, de S. Augustin, de S. Benoît, de S. François d'Assise, de Sainte Thérèse, des SS. Stanislas Kostka & Louis de Gonzagues, de S. François de Paule, de Sainte Agnès. Son Sermon sur la Passion de Jesus-Christ, prêché pendant plus de vingt ans, a toujours fait couler de nouvelles larmes. Celui sur la Résurrection du Sauveur, ne laisse aucunes ressources aux Incrédules. Le Discours sur le Purgatoire, renferme autant d'érudition que de sentimens. Les différens Sermons qu'il a composés sur la

Sainte Vierge, sont également propres à fixer l'esprit, & à toucher le cœur.

C'étoit dans les Homélies, que le Pere Laurent sembloit se surpasser lui-même. La Cananéenne inspire la confiance en Dieu, la plus vive, la plus tendre, la plus soumise. Le Mauvais Riche fait trembler sur l'abus des Richesses; & l'on conçoit autant d'horreur pour ses crimes, que de crainte pour son supplice. Vous croiriez entendre S. Augustin même qui célebre le triomphe de la Grace, dans la conversion de la Samaritaine. L'Homélie de Lazare, est une ingénieuse application des malheurs, où conduit une habitude vicieuse: c'est un tableau fidéle des pernicieux exemples que le Monde ne cesse de reproduire à nos yeux. L'Homélie de la Madeleine, prêchée par le Pere Laurent, a fait des impressions aussi fortes que durables: on intéresse tous les hommes, quand on parle le langage du cœur.

Plus on entendoit cet Orateur, aussi chrétien qu'éloquent, plus on souhaitoit de l'entendre. Quelques Censeurs mal instruits, quelques uns de ces Génies vulgaires, toujours empressés à dégrader les talens, croyoient appercevoir dans les Sermons du Pere Laurent, des traits empruntés d'un Prédicateur célébre. C'étoit une injustice; & le préjugé tomberoit bientôt, si ces Critiques téméraires se donnoient la peine de confronter les Ouvrages de ces deux Orateurs chrétiens. Si le Pere Laurent profitoit des travaux d'autrui, il en profitoit avec discernement, avec goût. Il imitoit; il ne copioit pas; & ce qui étoit médiocre dans les autres, prenoit sous sa plume, des graces, une force, une onction, qui n'appartiennent qu'aux Maîtres consommés de l'éloquence. Il a fait dépositaire de tous ses papiers un de ses Confreres son Éleve & son Ami *. Le zéle & la reconnoissance de ce Religieux les transmettront, sans doute, à la postérité, & nous espérons, que par ses soins, on lira les Sermons du Pére Laurent, avec autant d'admiration, qu'on les a toujours entendus avec fruit. Il sera véritablement un présent à tous ceux, qui aiment la noble & simple éloquence.

Mais si l'éloquence du Pere Laurent

* Le Pere Joachim.

merite les plus grands éloges, il avoit un genre de mérite, que les éloges les plus ingénieux ne rendront jamais que foiblement; le merite du caractére. Caractére égal, & liant; caractére doux & complaisant; caractére, qui ne connoissoit ni les caprices de l'humeur, ni les bassesses de l'envie, ni les vivacités de la colere, ni les émotions du ressentiment. Homme de probité; ami vrai, officieux; conseil judicieux, réfléchi; appliqué à démêler les talens de ses Confréres, à les protéger, à les cultiver, à les produire; il les animoit par ses exemples, les soutenoit par ses bienfaits, les étayoit à la faveur de sa réputation & de son crédit. Plein d'égards & d'attention; toujours noble, & généreux, son cœur s'ouvroit à la confiance de ceux qui le consultoient. Il prévenoit leurs desirs; il ne connoissoit point de plaisir plus flatteur, que celui de pouvoir obliger. Sa bonté étoit peinte sur son visage. L'indigence a mille fois trouvé dans lui des ressources, qui étoient le fruit de ses travaux. Sa charité ne s'est jamais refusée aux besoins réels.

Il suffisoit de le connoître, pour le cultiver, & de le cultiver, pour l'aimer. Ses Amis n'ont jamais cessé de l'être. Ils n'apprennent pas plûtôt sa maladie, qu'ils accourent auprès de son lit, s'allarment sur le péril qui menaçoit ses jours, lui font espérer, espérent eux-mêmes jusques au dernier moment, que sa mort étoit encore éloignée. Un sang appauvri, des Dartres rentrées l'ont rapidement conduit à une fin aussi chrétienne, qu'édifiante. S'il parut tranquille au milieu de ses souffrances, c'est que sa foi les lui faisoit offrir à Dieu en expiation de ses fautes; plus ses douleurs étoient aiguës, plus il les recevoit avec une parfaite résignation. Il est mort le 29 Aoust 1758, dans la 57e. année de son âge. A la nouvelle qu'il venoit d'expirer, un Deüil universel s'est repandu dans sa Maison, & parmi toutes les personnes qui le connoissoient. Il emporte dans le Tombeau leur admiration pour ses talens, leur respect pour sa vertu, leur attachement pour sa Personne. L'Ordre qui a eu le bonheur de le posséder, lui doit des larmes d'autant plus sinceres, que s'il est possible de le remplacer, & de trouver un Religieux, qui lui ressemble par beaucoup d'endroits; il est difficile de le remplacer par un Religieux, qui lui ressemble en tout. Il faut un siécle pour produire un Homme tel que le Pére LAURENT.

J'Ai lû un manuscrit, qui a pour titre, *Eloge historique du Reverend Pere* LAURENT, *Augustin de la Place des Victoires.* Je n'y ai rien remarqué de contraire à la Foi ni aux bonnes mœurs. A Paris le 3 Octobre 1758.

COTTEREL, Curé de S. Laurent.

Vû l'Approbation. Permis d'imprimer, à la charge d'enregistrement à la Chambre Syndicale, ce 4 Octobre 1758.

BERTIN.

Registré sur le Livre de la Communauté des Libraires & Imprimeurs de Paris, N°. 3761, conformément aux Réglemens, & notamment à l'Arrêt du Conseil du 10 Juillet 1745. A Paris, le 7 Octobre 1758.
Signé LE MERCIER, *Syndic.*

www.ingramcontent.com/pod-product-compliance
Lightning Source LLC
LaVergne TN
LVHW010252230826
846091LV00007B/2937